Liebe(s)dinge

DIE TEXTE

Die Liebe – das ewige Thema der Menschheit – betrachtet und zum Ausdruck gebracht in und Beziehungsweisen, in Augenblicksworten, in gefühlvollen Texten, die verschiedenste Herzensangelegenheiten beleuchten. Die vorliegenden Gedichte tauchen ab in die Tiefen, in denen Freud und Leid des menschlichen Miteinanders leben, um schimmernde Wortschätze ans Licht zu holen.

DIE AUTORIN

Schon früh interessiert sich die diplomierte Pädagogin für die Sprache als Instrument zwischenmenschlicher Verbindungen.
Leidenschaftlich spielt sie mit Worten und Bildern, lässt aus dem einen lustvoll das andere entstehen.
Ihre Texte sind aus dem Leben gegriffen und mit hohem Wiedererkennungswert für all jene geschrieben, die, wie die Autorin selbst, zwischen den Tönen zu hören und zwischen den Zeilen zu lesen vermag.
Barbara Grabers Texte wurden 2014 im Rahmen des Kärntner Lyrikpreises ausgezeichnet

Barbara Graber

Liebe(s)dinge

Wortschätze & Beziehungsweisen

⠒

Bibliografische Information der Deutschen Nationalbibliothek:
Die Deutsche Nationalbibliothek verzeichnet diese Publikation in der Deutschen Nationalbibliografie; detaillierte bibliografische Daten sind im Internet über http://dnb.dnb.de abrufbar.

Fotos: Barbara Graber

Herstellung und Verlag: BoD – Books on Demand, Norderstedt

ISBN: 978-3-7392-3153-2

die Liebe
nur die Liebe
allein die Liebe
einzig und allein die Liebe
die Liebe

macht es möglICH

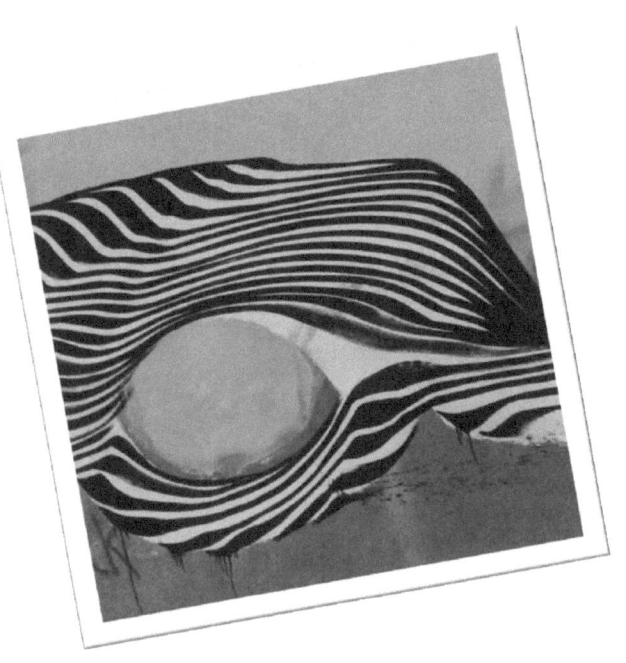

Liebesgedichte

Gesang aus anderen Sphären
aus einer unwegsamen Gegend
überholt
althergebracht

geschützt von einer zarten
Staubschicht.

Darunter liegt
der volle Glanz
die üppige Magie
und all die Sehnsucht

nach Federkiel
und Tintenfass
nach Siegellack
und Kerzenlicht

nach zahllosen wachgelegenen Stunden
eingehüllt ins seidige Verlangen
nach

Angekommensein
Wahrgenommensein
Aufgehobensein

in Liebe

Ganz und gar

Aufs Ganze gehen
das Ganze sehen
zur Gänze lieben

Hals über Kopf
ganz sein

Seite an Seite
sich ergänzen
behutsam
und
frei

Mondsüchtig

Großes Alleinsein
in einer kleinen Welt
aus leisen Klängen

Dein Name
klebt an meinen Lippen
halb geöffnet
der Mund

schlaftrunken liebestoll
Ungeheuerlich leicht
            vielleicht
eine waghalsige Berührung, die Feuer legt

ein Moment
wie ein Funke
grad zum Glockenschlag

Lädt uns ein
laut zu singen
gehalten zu sinken
gierig zu trinken

von den Geschichten,
die der Mond zu erzählen weiß.
Von der Sinnlichkeit
des Silberlichts.

Das Leben feiern

Trinken wir
oben über den Dächern der Stadt
auf das Leben

tauchen wir
ein in das Licht der Sterne
und schwimmen

laben wir
uns an der ländlichen Gemütlichkeit
knisternden Feuers

Kosten wir
vom süßen Nektar
   des Anderen
     des Neuen
       des Ewigen

im dotterblumengelben Moosbett

Sommerliebe

Gegenwärtig sein

Wenn du da bist

Jetzt

hier sein

mit dir

ganz und gar

Hingabe üben

und das Leben durch mich fließen lassen

Was bleibt

sind Schaumkronen

auf dem inneren Wasser

und

magisches Glitzern

von Sternen am schwarzen Sommerhimmel

Bali

Im Brodeln
der Brandung
leidenschaftlich
die Nacht küssen

sich selbst
verloren gehend
wieder finden

gekleidet
bloß
in den Duft

frischer Früchte

```
        Mein      Herz
   LiebeLiebeLiebeLiebe
HerzschmerzHerzschmerz
  Liebesangelegenheiten
   Liebestaumeltraum
      LiebeLiebeLiebe
       Ichliebemich
         ichliebe
           dich
            !
```

Wortmalerei

Hände
malen auf den Tasten
des Klaviers
malen tiefe Bilder aus hellen Tönen

erzählen vom klirrenden Genuss
vom hellen Glanz einer Winternacht

Die Noten streifen gemächlich
über Felder und Wiesen
Wie ein Hirsch auf Wanderschaft in der Heide.

Hand in Hand
bäumen sich neue Welten auf
In ungeahnte Ebenen

erdig vermischt sich das hohe g
mit meiner Sehnsucht
nach

und
nach

Cafè au lait

Wende mich
dem Leben zu
mit dir

zeige dir meine geheimen Buchten
in denen das Treibgut
golden glänzt in der Sonne

Still staunend finden wir
lichtgesponnene Zärtlichkeiten
mit silbernen Fäden aus Liebe daran

Im Austausch mit Strümpfen

halterlos
aus jungen Sommerabenden gewoben
mit etwas Leichtsinn bestickt

Hand in Hand
bewegen wir uns lachend
auf hauchdünnem Eis

Himmelbett

Trag mich über die Schwelle
in Gedanken

Miteinander erheben wir uns
über Seide und Brokat

wolkengeküsst
erobern wir den Himmel

Wo ich sein will

Lauschige Plätzchen
einladend
wie die Mulde
an deinem Hals

hineinsinken will ich
lauthals lachend wie ein Kind
darinnen baden

Alle Schleusen öffnend
das Leben in mir pulsieren
spüren

und dich
bei mir
wissen

Weil...

Mich aufmachen in Nacktheit
ganz
zu mir selbst

schimmernde Melodien
auf den Lippen
getragen mit Stolz und Würde

In göttlicher Körperlichkeit
eins
werden

Lichtblicke
sammeln sich
unter schweren Augenlidern

Das Herz
wird weich
und weit

In Rosenduft bade ich
und reiche Veilchenlimonade
zum Dessert

darf genießen,
weil
alles gut ist

      und weiter geht

Zartschmelzend

Die Liebe
sinkt auf meinen Bauch
wie eine herunterschwebende Schneeflocke
auf die herausgestreckte Zunge

Der Hauch einer Berührung
drängt auf mehr
Ein flüchtiger Moment
schmilzt dahin

rinnt
durch die Zeit
an mir
hinunter

nicht zu halten
aber
köstlich

Allerhand

Allerhand

Zerbrechlichkeiten
haben sich im Gegenwind
verfangen

Während sie sich
der Poesie der Landstraße
hingegeben hatten

Im Spiegelbild
der Wirklichkeit
gilt

zu retten, was sich retten lässt

galant
hilft sie
dem Zufall

auf die Sprünge

Glasmurmelklar

Pastelltöne
legen sich
über die Welt

wie Glasmurmeln
bunt
kullern die Tränen

und jede
erzählt
ihre eigene Geschichte

Jede macht's
ein wenig
leichter

Vertraut

Vertraut
hab ich dir
Vertraut
wirkt jede Geste
vertraut
lege ich meine Hand in deine
Vertraut
versinke ich im Sein
vertraut
diese Gegenwart
die Lippen, die Worte, der Klang
Vertraut
dein Atem
Vertraut
all das
nur
die Lüge nicht

ZWEI

EIN -fach
EIN -silbig
EIN -färbig
EIN -deutig
EIN -stimmig
EIN -gliedrig
EIN -sam
EIN -mal

ZWEI -felsohne gemEINsam!

Langsam

Die Welle
kommt ungefragt
erst schmeichelnd
dann aufbrausend

letztlich greift sie tosend
nach allem
das sie
haben will

Trudelnd
aneinandergepresst
tanzen sie
mitten ins Leben hinein

hoch hinaus getragen
ins sommerliche Morgenrot
Salzgeschmack
auf Haut und Zunge

wird
der Junge
in Liebesdingen
langsam lauter

Verloren

Endloses Staunen
verschränkter Teilchen
Über einsam kreisende Himmelskörper
aus dem Herzen der Sonne ragende Strahlen
klammern sich an die heiße Wahrheit

Zuweilen grotesk

Wenn ein ICH
im WIR
versandet

Sonnenfunken

Lila Samt gesäumt von ihren Träumen
wie grüne Hügel
sanft gerollt

Applaus!
Mir ist zu viel passiert

in Konkurrenz
zum Wolkenkleid
des Vollmonds

gebückt
wie ein Mönch am Wanderstab

Gen Gipfel strebend
zückt er
das Tränentuch

Am steinigen Weg ein Blümchen
fügt all den silbergrauen Geschichten
Sonnenfunken an

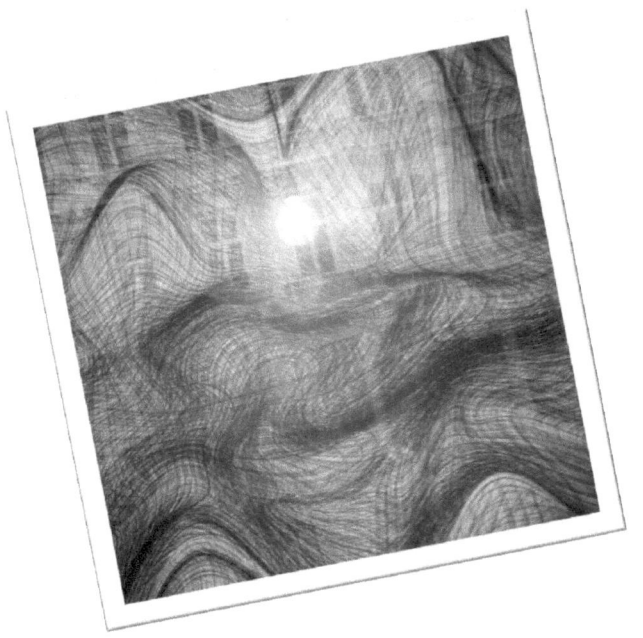

Seerosentanz

Spiegelglatt wie buntes Glas aus der Lagune
ist das Parkett
auf dem ich tanz

Dein Haar erzählt vom Frühling
will die Zeit einfangen
an mich binden mit einer roten Schleife

Einen Augenblick nur!
unbewegt verharren
dem Lied des Liebsten lauschend

mit der Sanftheit einer Seerose
Wurzeln schlagen

JA!

Hand in Hand
dem Mond entgegentanzen
auf die Himmelsleiter klettern

Und die Sterne berühren

JA!
Ich will

Nacktschwimmen

Mit Dir
eintauchen
in den Nachthimmel
königsblau benetzt
durchschwimmen
und auftauchen
im neuen Tag

Sommernachtstraum

Entzückende Sommerlieder
zerreißen die Nacht
In zwei

veilchenblaue Hälften
die sich ergehen
in einem

unverbrauchten Tag

Vielleicht
können sie
das Glück

an ihre Seite zwingen.

Geschmeidiges Sinken

Betörende Klänge
sinnliche
End- und Ausgangspunkte
unerfüllter Liebe

die schillernde Welt taucht tief

getragen
von einem goldenen
Sonnenstrahl

fieberhaft formen sich Perlen zu einer Melodie

strudelnd hinab gezogen
vom Rausch der Tiefe
zu jener Muschel

Auf den Grund

der Dinge

Lichterloh

Dicht gedrängt
reihen sich Gesichter aneinander
ein Zug aus Blicken

durch die Landschaft züngelnd
und schwer beladen
mit Erzählungen von versäumten Gelegenheiten

Seelenwälder
unsichtbar verletzt – gerodet
den Glauben zurückgelassen

Auf der Suche nach Hoffnung
im halbdunklen heimischen Zelt
Zwischen üppigen Kissen

Unter leichten weichen Decken
verspielte klitzekleine Gesten
versteckt für den der sie finden will

Weite Augen singen Lieder
aus der Kindheit
und fangen
        Feuer

        Lichtpunkte
        entzünden sich
        aneinander

Augenblicke

Nebenbei
gerade aus
geblickt

vorbei
geschaut
und doch

dem Leben
ins Gesicht
gesehen

Wundersam

Ein Händedruck nur
eine flüchtige Berührung
ein Augenblick
von Mensch zu Mensch

Am äußersten Zipfel
des Universums
gerade
hier

vor meinen Füßen
vor meinen Augen

hier
lebt das Wunder

Unser Fest

Miteinander
das Leben feiern

Sie fühlen sich jung und wild
Wenn ihre Gedanken fliegen
wie im Kettenkarussell

Am Strand tanzen
buntgestreifte Badehosen
aufgepeitschtes Haar

Das Leben brodelt
goldene Taube

an der Achse
im Zentrum
am Nabel der Welt

Am Ende

Banale Sätze
dahin gestellt
auf die Anrichte

Bedarfsgerecht geschachtelt
aufgebaut zusammen
gestellt

Übriggebliebene Wörter
verpackt
in Seidenpapier – ins Billigste

Eine Schleife – endlos
wie's scheint
nochmal von vorn

Amen.

Tiefe Stille
keine Hülle nur noch Stille
erfüllt den Raum

und mich

Kerzenwachs
tropft still

Déjà vu

Eintauchen in deine Atemzüge
Haut an Haut
Gedichten lauschen
knorrigen Holzboden unter den Füßen
in die Kammer schleichen

Am Ofen in
Geschichten schwelgen
eine Augenbraue listig gehoben
verrät den Schelm
auf der Suche nach dem zu Haus

Streublumen bedecken den Tag
Geheimnisse leuchten
saftig grün
aus ihrem Versteck

Sie tänzelt leichtfüßig
Am Teppich seiner Versprechungen
ihm zugeneigt

Schon spät

Eins!
Muss weg
und will doch bleiben
da
ganz nah
bei dir

Will sein
nur werden
was ich bin

matt in deine Arme sinken
eine alte Melodie
auf den geschlossenen Lidern

Große kleine Worte

Ein Lächeln
Aufgetragen ganz in Rot
begibt sich
unter dem Lob des Himmels
auf den Weg

im lautlosen Gang der Dinge
versteckt sich
die Wahrheit
gern

der Schatten der Säulen
bietet Raum genug
sich einzuigeln

im safrangelben Kleid

Bis endlich
das Du
gleich einer Daunenfeder

leicht und leuchtend
durch den Raum
schwebt

Ein sommerblaues Wolkenband
zerfranst sich
wo Worte versagen
das Große
zu beschreiben

Blau

Wie ein blaues Seidentuch
da und dort
in Falten geworfen
liegt es

und

bewegt sich doch
keine Sekunde

ruhig

nie fassbar
greifbar
ein Tropfen voll Leben

zeitverfallen eintauchen
in deine Tiefe

gierig den Durst stillen
nach der Freiheit
mit dir

zu sein

Galeriespaziergang

Zukunft gemeinsam ausgemalt
Momente
Fragmente
in Pinselstrichen hingeworfen

Bruchstücke hängen an jeder Ecke
sorgfältig gepflegt
noch immer leuchtend bunt
nach all den Jahren

Die ganze Welt
ist Galerie

Begleitet von kreiselndes Gefühlen
geh ich abwärts

In die Tiefe

Wo die Herbstgirlanden
die Sommerblumen
wild umranken

im Licht des Nachmittags

Wenn

Wenn die kalte Luft
den Boden ächzen lässt

Wenn der Himmel sich anschickt
sich schützend über die Welt zu legen

Wenn Wohlwollen und Freude
sich über die Tage legen

Meine frostkalte Nase
an deiner Wange wärmen

Wenn Fliederduft
den Tag erhellt

Wenn Bilder wie ein Rinnsal
durch die Zeit sich schlängeln

Wenn hauchzarte Mohnblumen
vom Sommer künden

Finde ich in mir ein Zuhause

Langsamer Walzer

Im Lichterkleid
dem Zeitgeflüster lauschen

Unser Tanz
nährt sich aus dem Takt der Stille

sanft geschmiegt in salzige Trunkenheit

voller Leben
singen wir

    ausladenden Schrittes

das Lied
von rosarotem Rhabarberduft

Fragezeichen

Wenn ich einfach wäre

könnte ich
wollte
oder
würde ich
auch
wieder
werden
wie früher

verankert im Sein?

Ab morgen

Ein lockenköpfiger Lausebengel
lässt langsam Zuckerkristalle
durch seine Finger rieseln

wie kostbare Diamanten

Abschiedstriefender Wein
        umgarnt
von üppigen Mustern und Gerüchen

in fremden Gefilden
vom Himmel gefallen
        hinein
in pulsierende Fragen

Gedankenversponnen
eine Runde
am Karussell gedreht

    Atemschwer
rinnt der erlösende Tropfen
die Kehle hinab

spiegelt mattrot
die Zukunft
wider

Nachruf

Fragen überstürzen
und verheddern sich

wild
wie ein Bündel bunter Luftballons

Wortkringel legen sich um meine Fesseln
aus dem Nichts

Gefühlsteilchen rasen
im Kern des Geschehens

zerlegen die Gesamtheit
in wirkungsmächtige Partikel des Entgegenkom-
mens

Ein Bild leuchtet aus meinem Innersten
strahlend bunt

Noch immer
Für immer

Voran

Mondgeflüster
Sternenhall
das Firmament trägt Trauer

erzählt
noch einmal die Geschichte
außer sich vor Liebe

vom ausschweifenden Fest
damals
veilchenblau und tiefgründig

im Frühlingsduft lauer Nächte

Ein Tränenmeer ergießt sich
wie eine zarte Berührung mit den Fingerspitzen
hüllt die beiden ein

trägt sie
in die innige Fülle
des sich einrichtenden Sommers

zum Abschiedskuss

Auszeit

Mit Dir
an der Küste der Künstler
Ideen wie Sand am Meer
Sterne sind unsere Lampen

Bilder rieseln über die Worte
bilden Gefüge die zeugen
von reifen inneren Welten

Wind spielt mit wallenden Stoffen
im Schatten
gedeiht still
neues Strandgut

Gut versteckt

Mich verlieren
im Zeitengeflüster
mich mit den Fasern des Lebens verweben

Leichtigkeit
macht sich breit
aus dem hintersten Winkel der Idylle

steigt

wärmend
Kerzenschein
in mein Herz

Freiheit
im anderen

      gefunden

Tief atmen

Überschlagene Augenblicke
zwischen den Beinen

hineingekrochen
in dieses eine Sandkorn
das das Meer ausgerechnet hierher gespült hat

in diesem Moment
nur den eigenen Platz suchend
allein

Sein

Unter den Steinen
den Karfunkelstein erkennen

Leuchten

Quer über den Himmel
nach Hause gehen

Leichtfüßig zu dir

Mit dem Atmen
fängt auch
das Denken wieder an

Fremdsein

Der Duft frischer Kekse
näht behände
Erinnerungen aneinander
fädelt sie auf billigen Zwirn

Seidige Sätze
in heißem Fett
üppig herausgebacken
starren mich fischäugig an

Aneinander dicht an dicht
wuchern Kardamomblüten
hinein in die Tiefe
der Sinne

Singen dort Lieder
in allen Farben
in deiner Stimme
in unserem Rhythmus

Lieder von der Welt
symbolhaft für das Fremde
in den eigenen Fasern
in uns

Zärtlichkeit

Während die Möndin
nachts ihre stumme Botschaft
durch den Spalt der Vorhänge

klammheimlich
in meine Gedanken schubst

Sie in kühnen Fraktalen
auf das weiße Leinen
malt

Hängen Buchtitel in der Luft
Liebesgeschichten
vor allem

Lichtblasen
steigen von dort
unbemerkt in meine Poren

durchweben meine Träume
mit Lametta

gesammelt
in der Perlmuttschale
wie Honigtropfen

alles ist Zärtlichkeit

Große Gesten

Taufeuchte Mitternachtsgedanken
ranken sich
gleich wildem Wein
um verwandelte Weltengänge

Stille Sehnsüchte
wachsen im Schatten heran

Noch unerkannt
bleibt die Tür

die aus dem Sternenzelt
hinaus

das Weinglas kippt

Der Abend
ist gelaufen

Zum Schluss

Wenn es dem Ende zugeht

fast sanft
schiebt sich Freude
über die Abgründe

Sie
legt den Weichzeichner an
spielt mit den Farben des Regenbogens
blickt nicht auf die Kübel voll Gold

Baut eine starke Brücke
die trägt
nur so

Freude
strahlend schwingt sie sich auf
Wiedersehen

Bildinformationen

Alle in diesem Band abgedruckten Bilder wurden von der Autorin fotografiert.

Umschlag: Tiki Lounge, Klagenfurt 2015

DANKE!

all jenen

die mich

immer wieder

das Lieben lehren

weil sie mit mir sprechen

weil sie mein Herz erwärmen

weil sie mich nicht verstehen

weil ich sie nicht verstehen muss

weil sie so furchtbar anders sind

weil sie mich an meine Grenzen bringen

Weil sie mir Neues zeigen, Unbekanntes

weil sie mir einfach so begegnen –

ohne Warnung, ohne Absicht

ohne besonderen Grund

weil sie da sind

um mich zu

lehren

die LIEBE!

Ebenfalls bei BOD erschienen

Graber, Barbara   **Wortschätze 1**
Fundstücke & Treibgut
aus dem Meer des Le-
bens Lyrikband 2015

Graber, Barbara   **Wortschätze 2**
Fundstücke & Treibgut
aus dem Meer des Le-
bens Lyrikband 2015

Graber, Barbara   **Leben eben**
Wortmalerei-Gedichte
über das Leben
Lyrikband 2012

Graber, Barbara   **Den Quantenraum erobern** – Impulse für Men-
schen, die WIRtschaft
gestalten Impulse 2011

Kontakt zur Autorin

Foto: Evelyn Hrnonek - Kamerawerk

Mag. Barbara Graber
QUANTENRAUM

www.quantenraum.at
graber@quantenraum.at